LÉON DEUBEL

La Chanson Balbutiante

Préface de Léon VANNOZ

Éveils. — Sollicitudes. — La Chanson du Pauvre Gaspard

POLIGNY, IMPRIMERIE ALFRED JACQUIN

1899

LA CHANSON
BALBUTIANTE

DU MÊME AUTEUR

EN PRÉPARATION

HISTOIRE DE LIMPIDE ou LE JEUNE HOMME QUI A DES LETTRES, nouvelle satirique (1).

L'ÉVEIL IMPLACABLE, roman de mœurs provinciales.

SYMPHONIES EN GRIS MAJEUR, poésies.

---

(1) Pour paraître prochainement dans **La Vie Meilleure**, Revue Sociologique et Littéraire de l'Est.

LÉON DEUBEL

La Chanson Balbutiante

Préface de Léon VANNOZ

Éveils. — Sollicitudes. — La Chanson du Pauvre Gaspard

POLIGNY, IMPRIMERIE ALFRED JACQUIN

1899

Au fond, rêver, c'est mourir; mais c'est mourir au moins en silence et avec un peu de ciel dans les yeux.

    VILIERS DE L'ISLE-ADAM.
    (La Révolte).

PRÉFACE

A Léon Deubel.

La vie autour de nous bourdonne, monstrueuse et brutale. Nous sommes nés, mon cher ami, à la fin d'un siècle où tout ce qui fut beau dans le passé n'est plus, où tout ce qui sera parfait dans l'avenir n'est pas encore ; nous promenons parmi les ruines & parmi les décombres nos âmes balbutiantes, ironiques et graves, et nous portons en nous des rêves d'amour, des visions merveilleuses et des pitiés méconnues. Nous penchons notre sympathie sur l'existence confuse des choses et sur l'âme embryonnaire des animaux, nous songeons aux sophismes des philosophies, nous contemplons autour de nous la vie, & pour leurrer nos besoins d'harmonie & de beauté, nous rythmons avec soin nos imaginations complexes.

Insoucieux des rhétoriques, nous rendons un culte aux poètes intimes et profonds qui satisfont notre âme pensive et recueillie. Nous aimons les visionnaires et les ciseleurs qui traduisent d'un vers pittoresque la réalité, et chez lesquels on sent à chaque moment s'affirmer une volonté consciente. Toi surtout, tu vénères avec une piété de disciple Baudelaire, Rodenbach, Verhaeren, et le poète maudit Rimbaud, et ton grand Verlaine. Tu es un artiste amoureux de la forme et perpétuellement en souci du mieux faire ; degré par degré, tu arriveras à égaler tes maîtres.

Quant à tes rêves, mon cher Deubel, ils sont d'un poète. Vainement jusqu'ici tu as cherché Celle que bien peu rencontrent, l'Amie « douce, pensive & brune, et jamais étonnée, et qui parfois vous baise au front, comme un enfant » ; tu as connu l'amertume des tendresses incomprises et tes rêves d'amour se sont heurtés au sourire quelconque d'une femme sans âme. Mais combien de poètes ont rencontré Celle qu'ils cherchaient ? Quand l'un de nous trouve sur son chemin la Béatrice, il doit s'agenouiller devant elle et l'adorer, puis la

---

(1) Verlaine *(Poèmes Saturniens).*

suivre pas à pas, pieusement, tendrement, jusqu'au ciel, jusqu'au génie, jusqu'au martyre. Mais n'oublie pas, mon cher ami, que c'est en nous qu'est le principe de tout héroïsme et de toute beauté, et attend avec confiance l'arge de tendresse et de volupté qui viendra te prendre par la main pour te montrer les routes larges où tu devras t'efforcer de diriger les hommes.

La société d'aujourd'hui s'écroule, et dans son agonie nous avons chanté des chants souvent désolés, des chants plaintifs de solitaires. A présent, crois-moi, nous devons travailler à l'œuvre sociale. Pendant longtemps, comme toi, je me suis complu aux rêveries individuelles & j'ai rythmé aussi pour moi seul les imaginations de mon cœur. Maintenant j'aspire à la Justice; je répète avec un de nos grands penseurs contemporains : « Il n'y a plus qu'un moyen aujourd'hui de faire du grand art, c'est de faire de la grande politique. L'art ne peut se renouveler en tout sens qu'en s'inspirant de la Démocratie elle-même en ce qu'elle a de plus hardi & de plus noble. » Ne renions rien de notre souci de la beauté, de notre amour des formes pures, de nos préoccupations d'artistes, mais cherchons à rendre belles la vie elle-même, l'humanité elle-même. Penchons-nous sur les foules qui tâtonnent et qui cherchent dans la nuit : elles sont nos sœurs balbutiantes. Eduquons-les, enseignons-leur le chemin qui mène au temple de l'Esprit, où elles apprendront à connaître les pures jouissances de la pensée, révélons à tous les hommes de bonne volonté la Poésie et tous les Arts, et nous pourrons ensuite contempler l'immensité du ciel vide d'un regard serein, conscients que nous serons de n'avoir pas édifié sur le sable une œuvre vaine.

Léon VANNOZ.

Paris, juillet 1899.

CANDEUR

A J.-B. Carlin.

Je suis un grand garçon timide et nostalgique
Qui traverse la vie en n'y voulant rien voir,
J'ai quelque part sans doute oublié mon espoir
Etourdîment, comme un bagage chimérique.

Je rêve de baisers et de soirs magnifiques,
Et je subis le mal ambiant comme un devoir,
J'admets qu'il est parfois possible d'y surseoir,
Et je fais bruyamment des projets pacifiques.

J'aime le soir tombant des douleurs apaisées,
Le microcosme obscur des herbes méprisées,
Jusqu'à son geste las qui provoque mes pleurs.

Retiré dans la tour de mon âme harmonique,
J'éprouve le besoin de me croire ironique,
Et je cultive le dédain des gens comme une fleur !

ÉVEILS

O les Oarystis ! les premières maîtresses !
Paul VERLAINE.
(Poèmes Saturniens.)

ÉVEILS

Ballade de la Roulotte

A Charles Guilloz.

Au bruit du fouet, dans le matin,
Balayant l'étoile pâlie,
Chargés d'un bien maigre butin,
Nos deux chevaux de fantaisie
Eparpilleront notre vie
Au long d'une course sans trêves,
Où je posséderai ma mie
Dans la roulotte de mes rêves.

Point n'aurons d'habits de satin,
Ni le luxe de féerie
D'un intérieur de citadin.
Epris de l'unique magie

De la Nature, ma patrie,
Pour l'amour de qui je me lève,
Je ne veux de coquetterie
Dans la roulotte de mes rêves.

De tons criards comme un pantin,
Elle n'aura pas d'armoiries,
Pas même un proverbe latin,
Car on n'y fera chère lie,
Et notre orgue de Barbarie,
Pleurant un air qui ne s'achève,
Suffira pour calmer l'envie
Dans la roulotte de mes rêves.

ENVOI

Mignonne aux baisers de folie,
Nous aurons au surgeon des sèves
Des ineffables insomnies
Dans la roulotte de mes rêves.

Le Ru

Par les déclivités le ru va s'épanchant,
Et l'on voit des cailloux au fond des transparences
Sur lesquels vibre encor le frisson de son chant,
Dont l'inflexion humaine évoque ta présence.

J'ai noté la candeur de son chant ingénu,
Son alanguissement, sa colère en ses luttes,
Ses frissons minaudés de femme mise à nu,
Et dans le soir ami sa voix profonde aux chutes.

J'ai noté son caprice en son cours qui s'égare,
Les chuchotements fous de ses complots bizarres,
Sous la complicité du bois qui les retient.

Viens sous les chaperons embaumés des clôtures,
Près du sillon d'argent creusé dans les verdures,
L'accueil de l'eau a l'imprévu profond du tien.

I.

Projets

Soir bleuté d'un ruissel de lune,
Apre nuit de ta chevelure :
Je veux dormir dans l'un et l'une.

Pour éveiller ta chair si pure,
Mais implacable comme un marbre,
Nous lirons quelque gravelure.

Puis tu t'enfuiras sous les arbres,
Avec un ris qui paraîtra
L'adieu d'un pépiage aux arbres.

Or ce défi pour moi sera
Le vin vieilli dont on se grise,
Et je te prendrai dans mes bras.

Tache laiteuse en la nuit grise,
Ta nudité sera le but
Des aigipans en entreprise.

Et lorsque, de ta chair imbu,
Je voudrai déchiffrer ton cœur,
Il sera clos comme un rébus.

Car il s'ouvre au seul confesseur,
Frocard auguste et gorgé d'or,
Chargé de laver tes noirceurs

Et de préparer ton remords...

L'Eau stagnante

A Léopold Mandrillon.

Elle dort, exhalant sa tiède humidité
Comme un grand velours vert qui serait diaphane.
(Maurice ROLLINAT.)

L'aigrette des roseaux courbés au vent s'humecte
Dans un baiser à l'onde impassible et d'argent,
Que trouble quelquefois, toutes pattes devant,
La ride d'un sillage éphémère d'insecte.

Le lourd sommeil de l'eau que le chemin surplombe
Est fracassé soudain par le dévalement
D'un rocher qui, puissant, provoque immensément
L'ascension de la tourbe et l'envol de colombes,

Dans la paix des midis, mon âme est l'eau stagnante !
Lorsque vient la frapper ton regard de bacchante,
J'entends l'envol peureux des pures décisions ;

S'il vient à parvenir jusqu'aux régions profondes,
Ainsi que le rocher qui va troubler les ondes,
Je sens monter en moi la tourbe des passions.

Le Soir au seuil

A Pierre Furt.

Sur le seuil lisse et tiède et flétri comme un front,
Accueillons le soir comme un ami qui s'épanche,
Et la chute des fleurs, en offrande, des branches,
Bénira de parfums la paix où nous serons.

Le crépuscule a clos d'une ombre indéfinie
Le temple de l'Espoir au fond des horizons,
Et le soleil qui meurt agonise en rayons,
Tels les cierges derniers de quelque liturgie.

Des heures vont couler dans l'effroi des ténèbres,
Qui précisent sur nous leurs planements funèbres
D'envergure inquiète et comme inassouvie.

Récèle au fond de moi ta songerie intime,
Peut-être que l'instant pour nous sera l'ultime,
Et bénissons la Mort qui décuple la Vie.

Les Reflets

Les ambiances dans l'onde ont plaqué des reflets
Où éclatent les ors pâlis des feuilles mortes
Que le vent fait glisser du mur vétuste et laid,
Peuplé sur le midi de lézards en cohortes.

A demi profondeur des plantes s'échevèlent,
Ainsi que des cheveux d'Ophélias navrées,
Dont les corps odorants et discrets se révèlent
Dans le parfum des foins et des menthes poivrées.

Des criques de la rive où dévale la terre
Jaillit éperdument le glaive des iris,
Et l'acuité de flèche des pâles sagittaires
Menace impunément le ciel bleu qui sourit.

Le mur jette un peu d'ombre et le haut peuplier
Fouille le microcosme où la tourbe s'étale,
De sa cîme évoquant le clocher familier
D'une mystérieuse et fine cathédrale.

Sous la sollicitude importune du mur,
La vie de l'eau s'écoule et chantonne aux tournants,
Belle pour ces reflets dont le dessin est pur,
Belle pour sa promesse à la paix du néant.

Ma vie ainsi s'épand magnifiée de reflets,
Reflets de l'aube et du couchant qui s'ensanglante,
Ou reflets éloquents de la douleur ambiante,
Pour laquelle a plaidé le rire d'un pamphlet ;

Elle va dans les prés où frémit le silence,
Humble malgré sa gloire et le chant des pipeaux,
Au rythme de l'obstacle y sangloter l'absence
Eperdûment de Celle en qui tout m'est repos.

L'Effroi

Les blanches visions qui passent dans mes rêves
Me regardent toujours avec des yeux troublants
Où bat le souvenir, comme la mer aux grèves,
En des flots lumineux, mystérieux et lents.
(Eugène CORNUEL).

Au firmament immense et clair de ma pensée,
S'est levé l'astre cher de ton apparition,
Ma fragile croyance à une possession
A rouvert ma blessure à jamais mal pansée.

Je suis allé vers toi d'une gravitation
Naturelle et logique et pourtant insensée,
Railleuse, tu étais, d'un rythme balancée
Qui ne laissait prévoir que peu de compassion.

Je suis allé vers toi, vers ta splendeur pudique,
Que je vis disparaître en mon cours fatidique,
Peu soucieux de céler ce que tu pus saisir

D'impérieux et d'humain et que tu purifies,
Car tu t'effarouchas de voir en l'accalmie
De la mer de mes yeux, la vague du Désir.

Allégresse

Dans mon cœur, pour qui j'ai requis
L'âpreté des septentrions,
Sonne en gloire de carillons
  L'hosannah des Nords acquis.

Visions des nuits où agonisent
Les attitudes des moulins ;
Visions des antennes de lin,
  Sous le bon effort des brises.

Ah ! goûter dans quelque Zéclande
Le silence des villes mortes,
Et loin des modernes cohortes
  Le calme brumeux des landes.

S'en aller vers quel inconnu
De rêve et de sonorités,
Et pour mon cœur circonvenu,
  Vers quelles intimités ?

Dans mon cœur, pour qui j'ai requis
L'âpreté des septentrions,
Sonne en gloires de carillons
　L'hosannah des Nords acquis.

SOLLICITUDES

Contemple, sois la Chose, laisse penser tes sens. Éprends-toi de toi-même épars dans cette vie. Laisse ordonner le ciel à tes yeux, sans comprendre, et crée de ton silence la musique des nuits.

Paul FORT *(Ballades françaises)*.

Ma pauvre enfance, qui s'écoula dans une chambre solitaire, ne connut guère des choses que la volupté triste de les pressentir. Aussi maintenant encore leurs contours m'étonnent dans leur révélation tardive.

Le jour où j'ai pu enfin les connaître, je me suis pris à les aimer plus que les hommes, plus que moi-même, et j'ai ressenti la joie immense de les comprendre et de les pénétrer. J'aime et j'aimerai surtout les choses vieillotes, comme abolies, celles aux stagnations lourdes et suggestives qui m'incitent aux voluptés d'un néant proche. Je les aime pour tout ce que je me plais avec Shelley « à lire en leur sourire et qu'on nomme Réalité », et parce que les joies qu'elles m'ont données ne furent jamais décevantes à mon cœur trop souvent déçu.

L. D.

SOLLICITUDES

La Chanson des Choses

A Charles Patris.

Elles m'ont dit un soir les ambiantes Choses :
« Pourquoi n'enclore sous nos aspects familiers
« Que le symbole obscur des lamentables proses ? »

J'ai répondu : « Pourquoi, quand vous vous affiliez
« Aux ombres des soirs clos, restiez-vous impassibles
« Tant, qu'il me semblait que vous vous annihiliez ? »

Mais elles : « Dans la nuit la lutte est impossible,
« Car l'ombre, autre matière, en nous fait échouer
« L'essor voluptueux du Rêve incoercible.

« O l'enveloppe froide où nous sommes voués
« La collaboration perfide des soirs blêmes,
« Réceptacles des pleurs ou du rire enjoué.

« Nous avons sangloté tes tristesses suprêmes,
« Et nous avons souri tes sourires contraints,
« Nous qui sommes, hélas! les Choses tout de même! »

Et leur âme confuse à ces mots se souvint
Par delà la matière en des profondeurs closes,
Et depuis ce soir-là je fus l'amant des Choses.

Les Yeux morts

A Louis Chicon.

Ah! qu'ils sont tristes, qu'ils sont tristes, on dirait
Des scellés apposés sur une tête morte.
                (G. Rodenbach).

Tes yeux peuvent s'ouvrir au-delà, sans l'émoi
De ne laisser ici qu'un désespoir de cloches,
— Par l'aube ou par le soir révéleuses d'approches, —
Puisque tu vis entière et somptueuse en moi.

Dans la chambre muette où s'éplore un matin,
Tes yeux veillent, parmi les ambiances moroses,
Comme rivés au rêve appesanti des choses
Qu'ils ne reflètent plus, tel un miroir sans tain.

Ils ont sombré dans les ténèbres et pâlis :
On dirait maintenant deux mondes abolis
Par la fatalité sphinxiale et commune,

Qui, dans leur chute éparse et lointaine du bruit,
N'oseraient concevoir, en l'horreur de la nuit,
La possibilité bleuâtre d'une lune.

Âme de vieille Dévote

A Lucien Schodduyn.

> ... elle guette
> Par sa fenêtre à poussiéreux carreaux,
> Le soir, tout en mêlant les écheveaux
> De ses bontés ou de ses haines.
> (Emile VERHAEREN).

Son âme est ce recoin paisible de province,
Où ton rire, Arouet, ne vint jamais errer ;
Le logis y est morne et le carré bien mince
De ciel bleu nécessaire, au soir, pour espérer.

Il semble qu'il y pleure un implacable deuil
Dans la détresse des couchants sanglants et mauves,
Parfois un chat minaude au soleil roux d'un seuil,
Las du voluptueux clair-obscur des alcôves.

Et la vie est bornée au dos gris de l'église,
La prière éternise aux mains les chapelets,
Assoupissant le cœur et l'esprit qui s'enlise

Dans la monotonie, amante du silence,
Qui descend de concert avec la paix immense
Que vont versant les sons d'angelus aigrelets.

Les Offusqués

A Léon Vannoz.

Au coin de la Vie embusqués,
Nous échangeons nos pensées nettes,
Et nous égayons de sornettes
L'amour de nos cœurs offusqués.

Autour de nous les âmes frustes
En déplorent la cruauté,
Mais notre amour bien dorloté
Nous fait trouver l'épreuve juste.

Pourtant nous portons au côté
Le coup que nous donna sa lance,
Et son bruit dans notre silence
Est l'intrus pour nos vanités.

Nous dressâmes jadis la liste
De ses défauts impardonnés,
Et depuis, toujours étonnés,
Nous arborons nos âmes tristes.

Nous sommes toute obédience,
Voire toute passivité,
Et la Vie qui nous offense
N'atteint pas nos divinités.

Peut-être aurons-nous la revanche
Qu'attendirent d'autres en vain,
Et nous nous tenons par la main
Pour gravir quelque route blanche.

Blottis dans nos âmes malsaines
Et la volupté du mystère,
Nous sanglotons pour satisfaire
La tristesse contemporaine.

Et songeurs, nous nous offensons
A la pensée qu'on nous ressemble
Et qu'en existant nous rêvons
Le rêve ingénu d'un ensemble.

Les Varlets

A Alphonse Mandrillon.

Les fastueux petits pieds nus de Lyvelaine,
En marche vers l'accueil de son preux clandestin,
Eveillent les pipeaux mièvres du matin,
Haussé sur le bout de souliers à la poulaine.

La ligne éperdûment de sa sveltesse insigne,
Ondoyante d'aspect, fait battre le cœur vain
Du Céladon élu pour son discours câlin
Et blémir les varlets accourus sur un signe.

Eux qui feront le geste hautain de sauvegarde
Et qui mettront l'enclos du silence alentour
De son péché mignard commis, Dieu ! par mégarde,

A travers le lacis complice des ramures,
Ils sauront, pour épier le mot divin qu'on jure,
Embusquer aux taillis leurs muffles gras et courts.

Les Chats sous la Lune

A Henri Vuillemain.

Sous ses morsures acérées,
— Cachant dans les pommiers neigeux
La perfidie de ses jeux —
Les chats, âmes exaspérées,

Pâmés en cris voluptueux,
Ont gémi, couchés sur l'ardoise,
Vers l'astre jaune et montueux
Qui lâchement leur cherche noise.

Mais la lune, — pitié moqueuse ! —
A l'ascension de leur rumeur,
Sourit, allumant leurs aqueuses
Prunelles de siennes lueurs,

Aussi les félins en courroux,
Pour punir cette persistance,
Renversés parmi leurs poils roux,
Tacitement, de connivence,

Dardent leurs griffes et chacune,
Dans un va-et-vient continu,
Se promène sur l'astre nu :
Les chats égratignent la lune !

Minet

A Marcel Peugeot.

Minet s'est trop gavé pour s'amuser des mouches,
Ce soir, il veut goûter le kief ronronnant
D'un bon épicurien placide et bedonnant,
Grand tombeur de margots en mal de plaisirs louches.

Il m'observe d'abord, puis ensuite il se couche,
Avec moi il ne sait être par trop prudent,
Psychologue — ô combien! — mon air indifférent
Peut-être lui parut quelque mine farouche.

S'il me méprise au fond, eh! je le lui rends bien
Depuis que j'ai saisi un beau soir l'entretien
Où gorgé de lait pur il se dit hydropathe;

Mais il est absorbé à contempler mon pied
S'agitant comme s'il courait sur un clavier,
Et Minet longuement, ingénument s'épate!

Soir sur la lande

A Eugène Destrehem.

Au ras de l'herbe drue un soir lourd et pensif
Eteint les fleurs où l'or s'est figé en corolles ;
Si j'allais dans la lande au silence massif
Pour y laisser tomber gravement des paroles.

Estompés, des rocs s'érigent comme des bêtes
Tapies, ravinés par les étés pluvieux ;
Ah ! pourquoi ce vertige a-t-il saisi ma tête,
En me sentant si loin des hommes et de Dieu ?

Car la cité est morte à l'horizon lointain
Et l'azur est enclos par la lourde paupière
D'un nuage immobile. Aucun souffle n'atteint

La lande où les chardons croissent éperdûment,
Et la sérénité du soir fait qu'un moment
Ils paraissent taillés à même dans la pierre.

Le Chemin creux

A Léon Vannos.

Tout un soir puéril s'endort au chemin creux,
Ainsi qu'en un berceau immobile.
Je me suis assis, anxieux,
Sur un talus
Velu
D'une herbe courte et rare
Comme les poils d'un habit familier
Et barbare.
Je me suis assis là parce que sans argent,
Je ne puis pas descendre aux villes m'égayer.
Un filet d'eau entre les pierres rampe
Avec la souplesse miroitante
D'un reptile.
Les roseaux profonds comme une ville
Exaltent l'angélus du crapaud nostalgique
Que crispe le sommeil des vies latentes
Au fond du grand marais lunaire et léthargique,

Des vols hagards et lourds d'insectes las me frôlent
Dans la paix de ce soir hallucinante et moite,
Et j'attribue obstinément à l'arbre sur ma droite
Le geste d'un Jésus diseur de paraboles.

Parc Mort

Dans la clarté des frondaisons,
Le parc lunaire, à mi-saison,
A le faux air d'un Trianon.

Le rêve est net comme l'allée
Crépusculâtre et d'affilée
Entre deux songes d'azalées.

Où sont les rythmes des guitares,
Les madrigaux subtils et rares
Et les voluptueuses tares ?

Les êtres esquissant, fluets,
Les pas menus d'un menuet
Avec des gestes désuets.

O Passé ! Passé ! ombre étanche,
Rien ne subsiste à ta revanche,
Pas même un frisson dans les branches !

Les Bébés

A Joseph Mange.

> Tu bâtiras sur l'incertain du sable...
> (RONSARD.)

Avec d'inexprimables poses,
Sous l'œil vigilant des mamans,
Les bébés aux grands bonnets roses
Prennent leurs ébats gravement.

Tout consiste à bien édifier
Une forteresse durable
Avecque le plus fin gravier
Et de très nombreux seaux de sable.

En dépit du plus noble effort,
De notre jeunesse à la mort,
Nous sommes — idée ineffable ! —

Les bébés jouant au jardin,
Car tel est bien notre destin
De toujours bâtir sur le sable,

Le Petit Vieux

Sa vieillesse penchée est confondue au mur
Que l'attaque du temps balafre de lézardes,
Aux ordres impérieux d'un écroulement sûr
Et sans végétation au soleil qui les arde.

Assis à sa fenêtre, impénétrable sphinx,
Il garde en lui l'écho des voix qui se sont tues,
Des souvenirs acquis par son regard de lynx,
Qui fixe le soleil tournant au bout des rues.

Mon passé dans sa tour est ce vieillard curieux
Penché sur mon blasphème et mon geste injurieux
Et sur ma Foi jetée au siècle comme un leurre.

Impassible il n'a pas un regard de pitié
Pour mon âme assoupie en son dédain, châtié
Par un présent d'angoisse enfin au bout de l'Heure,

Le Sommet

> A *Georges Guy-Grand.*

Comme une vieille ahanne au haut d'un raidillon,
Les maisons une à une acuminent la route
Si hâtive qu'elle a l'âpreté d'un sillon,
Et leurs groupes épars attestent leur déroute.

Leur rêve outrecuidant de conquête brutale,
Le long du chemin s'exténue et se commet,
Mais il a respecté la splendeur végétale
De la virginité farouche du sommet.

Ainsi les pensers vils escaladent mon être :
Désirs fiévreux de lucre ou d'étreinte et de chair,
Mais quand leur intrusion fortuite se perpètre,

Je sais en préserver le sommet implacable
Hautainement fixé dans le rêve impalpable,
Et rien n'atteint l'orgueil royal de son désert,

LA CHANSON

DU

PAUVRE GASPARD

A mon excellent ami Eugène CHATOT

DANS NOTRE COMMUNE VÉNÉRATION

DE LA MÉMOIRE

DU MAITRE PRESTIGIEUX PAUL VERLAINE

Je suis venu, calme orphelin,
Riche de mes seuls yeux tranquilles,
Vers les hommes des grandes villes :
Ils ne m'ont pas trouvé malin.

A vingt ans un trouble nouveau,
Sous le nom d'amoureuses flammes,
M'a fait trouver belles les femmes :
Elles ne m'ont pas trouvé beau.

Bien que sans patrie et sans roi,
Et très brave ne l'étant guère,
J'ai voulu mourir à la guerre :
La mort n'a pas voulu de moi.

Suis-je né trop tôt ou trop tard ?
Qu'est-ce que je fais en ce monde ?
O vous tous, ma peine est profonde :
Priez pour le pauvre Gaspard !

Paul VERLAINE *(Sagesse)*.

ACTE D'AMOUR

> A thing of beauty is a joy for ever.
> J. KEATS *(Endymion)*.

Toi dont le nom est une douceur, ô mon Verlaine, et dont le moindre vers est une larme que l'on fait sienne, toi qui n'essaya pas d'imposer au siècle l'obsession d'une orgueilleuse et emphatique douleur, je t'ai voué la religieuse adoration de ma jeunesse superflue.

Dès le jour où tu me fus révélé, je suis devenu meilleur, et la vie, vue ainsi à travers tes larmes, m'apparut comme le moyen nécessaire pour arriver à la Beauté. Et je fus presque tenté de l'aimer, elle qui t'a fait pleurer cinq livres miraculeux.

O les tendresses lassées d'être vaines, les élans éperdument mystiques, les rancœurs inexprimables de ce cœur, de ton cœur que tu traitas avec Werther « comme un petit enfant malade. » Comme je t'ai fait mien, ô mon frère, et comme me voici riche de tous tes pleurs ! C'est pourquoi j'ai cru pouvoir dire aussi quelque chose de ma vie, et je t'ai emprunté parfois ta forme musicale sans arriver à en atteindre la valeur émotionnelle.

Mais vois, et pardonne puisque j'ai pleuré.

L. D.

LA CHANSON DU PAUVRE GASPARD

OFFRANDE

Offrande

I

Voici ma vie, humble et plaintive,
Qui chante son espoir vers vous.
Entrez en elle, voulez-vous ?
Elle est si morne d'être vide.

Pour l'enchantement de vos yeux,
Tous les purs joyeux de mes larmes
Etincelleront de leurs flammes
Dans un accueil prestigieux.

Pour l'ivresse de vos oreilles,
La symphonie de mes rêves,
Ainsi qu'un frisson qui s'éveille,
Se fera plus douce et plus mièvre,

Pour l'enchantement de vos mains,
Dans mon âme vous trouverez
Le jeune et frémissant essaim
De mes chatoyantes pensées.

Et pour la pitié de vos doigts,
Mes illusions offensées,
Sanglantes et jamais pansées,
Solliciteront leurs émois.

Or, fort ainsi d'être habité,
Dans la communion de nos sexes,
Mon pauvre cœur, hanté de spectres,
Comme un logis abandonné,

Désormais, fort d'être habité
Et de vous porter tout entière,
Vous fera la demeure chère,
Pour un bonheur d'éternité.

II

> Mais mon âme elle aussi stagne lugubrement
> En des limbes où le soleil chaud de l'Amour
> Ne parvient même pas blafard et tamisé.
>
> Eugène CHATOT.

Elle n'est digne en vérité
D'une pareille eucharistie !
J'étais si las d'avoir pleuré
Que j'osai vous offrir ma vie.

Mais, hélas ! quelle triste offrande
Et quel désir inattendu !
Le soir ma tristesse fut grande,
Quand votre rire eut répondu.

O ton rire sur mon extase !
— Ce rire toujours entendu —
Et le cinglement d'une phrase
Qui me laisse encor confondu.

Se pouvait-il, se pouvait-il
Que vous m'aimiez, que tu m'aimas !
O cœur naïf, par quel subtil
Philtre d'amour peux-tu cela ?

O musicale chose blonde !
Cette claire ivresse aperçue,
Qui m'aurait coloré le monde,
Pourquoi l'avoir — pourquoi ? — déçue !

III

La croix que je m'en vais traînant par les chemins,
L'âpre centurion flagelleur de mes reins

M'inclinent vers la terre en une chute lourde,
Et je vois palpiter mon rêve dans la tourbe.

Voici rougir mes yeux, voici saigner mes mains,
Pourrais-je, sans fléchir, atteindre ce demain,

Ce demain par lequel saigne ce crépuscule ?
Cruel centurion, souffre que je m'accule.

Mais le centurion Malheur cingle et s'écrie :
« Va, traîne jusqu'au bout ta chair appesantie ! »

Je la traînai, mon Dieu ! sous sa verge en menace,
Nulle pitié n'osa venir baigner ma face ;

Aucun bras n'étaya ma marche défaillante
Jusqu'au sommet fixé pour l'œuvre suppliciante

Où le centurion, ivre de chair meurtrie,
Crucifia mon vieux cœur sur la croix de ma vie !

IV

Entends qui pleure
  Aux allées :
— Ce sont mes heures
  En allées.

Vois là qui passe
  Dans le soir !
— Mes pensées lasses
  De l'espoir.

Tâte ces corps,
  Là, gisants !
— Mes rêves morts
  Et sanglants.

Sens ces verdures
  Invisibles,
— Pourquoi Nature
  Impassible ?

V

La lumière rose se navre
    De tristesse,
Tout alentour de ton cadavre,
    Ma jeunesse !

Des feuilles parmi les chemins
    Envolées,
Se cherchent ainsi que des mains
    Affolées.

Ma pauvre âme, dans le visage
    De la lune,
Accueille un spécieux présage
    De fortune.

Le lever cher de ses prunelles
    Sur ton cœur
Aura des lunes immortelles
    La douceur !

BONHEUR

Bonheur

VI

Tes tristes combats, mon cœur, vont finir,
Grâce aux chantantes syllabes confuses
Des mots que sa voix divine angéluse,
Pour l'accueil si charmé de mon sourire.

Tu n'étais donc pas, chère, inexorable,
Que voilà ma joie enthousiaste et pure !
J'avais toujours cru mon malheur durable,
Et les pleurs éternels sur ma figure.

J'émeus le silence des chansons tues,
De la joie acquise auprès de ta vie,
Dont l'évocation se magnifie
De ces paix autour de moi survenues.

Joie immense et tenue en moi claustrée,
Je te répands parmi ces impassibles
Ambiances dans le sommeil prostrées,
Afin que tu y germes, indicible !

Va troubler le silence clos des arbres,
Erige-toi dans le néant des nuits,
Ranime aussi le plessis d'ombre où luit
La torpeur blanche et quiète des marbres.

Je te déroule ainsi que des cheveux ;
Je te caresse ainsi qu'un enfant cher,
Mon imprévue éclose d'un aveu
Et que je sens mienne comme ma chair.

Va, lorsque, de ta mission acquittée,
Tu reviendras à ta demeure morne,
Je te fêterai de transports sans borne,
Comme un clair retour d'amante quittée.

VII

Bonheur! négation d'autrefois,
Je crois éperdument en toi!

Les frissonnants épithalames
Des arbres verts me vont à l'âme.

Douceur de la sentir à moi,
Rose d'un puéril émoi ;

De voir, dans les herbes petites,
Les yeux naïfs des marguerites ;

D'entendre frémir le silence
Alourdi des plaines immenses

Où l'alouette, ivre de vie,
Clame une joie indéfinie,

Je ressens, après tant de larmes,
La bienveillance de ces charmes,

Et comme au chant des barcarolles,
Je me complais à ses paroles.

VIII

En un missel d'ivoire et d'or,
Aux enluminures naïves,
Etre l'enfant bouclé qui dort
    Quoi qu'il arrive !

Au milieu d'un siècle obsesseur
En ses querelles virulentes,
Etre le Jésus bénisseur
    Des foules lentes !

Parmi quelque aride campagne,
Loin des bruits et des luttes fortes,
Etre le rêve épars qui stagne
    Sur une eau morte !

Ou bien de lumière éblouie,
Et dédaigneuse d'un peu d'eau,
Etre la fleur épanouie
    De ton rideau !

IX

Ecoute la chanson du soir,
Qui pleure comme un désespoir
    D'incomprise,
Et cherches-y d'anciens sanglots :
Les douleurs qui furent nos lots
    S'éternisent !

Entends la chanson de mes yeux
Recevant le baiser d'aveux
    Où tu cèdes,
Sachant bien qu'au lieu de beauté,
Tu n'as qu'un charme de bonté
    Et de laide.

Ecoute la chanson du ver
Qui survivra même à la mer,
    A l'amour ;

Au gré de son patient effort,
Il anéantira la mort
   A son tour.

X

> Les chères mains qui furent miennes,
> Toutes petites, toutes belles.
> (Paul VERLAINE.)

Ses mains sont des bibelots rares
Taillés en marbre de Carare,
Que strient de généreux Nils,
Gonflés par un sang juvénil.

Ses mains sont des poignards cruels
Raffinant la plaie d'attendre,
Selon les vieillots rituels
De Chloris aguichant Clitandre.

Ses mains, ce sont des jouvencelles
Ignorant leurs affinités,
Tant qu'au choc de leurs vanités
Jaillit l'éclair d'une querelle.

Ses mains sont de vrais moralistes
Qui vous argumentent les gens
Avec des airs intelligents
Et des affectations artistes.

Ses mains sont, dans le crépuscule,
La note pâle où s'alanguit
Mon désir franc qui s'y accule,
Puis trouve bon d'être éconduit.

Ses mains sont des oiseaux fidèles
En exils spécieux par à-coups,
Qui reviennent à tire-d'ailes
Au nid familier de mon cou.

Et ce sont les bandeaux des yeux,
Voulant cacher leur lassitude,
La caresse de l'habitude,
Le vol des espoirs fallacieux.

Et l'horreur du gouffre béant
Vers lequel cinglent, au néant,
Les Heures au cortège, en sorte
D'y amener les Amours mortes.

XI

Dans son minois qu'aube une flamme
Rit le rêve de ses yeux sages,
Où s'estompe le paysage
Des aspects lointains de son âme.

J'assiste aux combativités
Des nuits profondes de ses haines,
Où sanguinolent les clartés
De ses affections sereines.

Et penché sur eux ardemment,
Dans l'intimité des visages,
Je monte au pur enivrement
De la posséder davantage.

XII

Gaspard chante :

Sois la troublante
En qui se berce
L'heure perverse.

Sois la bénie
A qui je chante
Des choses lentes.

Sois la beauté
Parfois ternie
Des agonies.

Sois la prêtresse
Du culte hanté
Des voluptés.

Sois-moi le soir
Tombé des tresses
De tes caresses.

Sois-moi l'orgueil
De mon espoir
Au néant noir.

Et sois-moi l'or
Des jours sans deuils
Et clairs d'accueils.

Sois-moi encor !

XIII

Gaspard chante :

La clarté tue, yeux clos, repose
Ton corps menu comme défunt,
L'heure passe comme une rose
Dont l'agonie est sans parfum.

Un rythme vibre sous ma main,
Pris aux ferveurs des mandolines ;
Ne crains en rien le grand chemin :
Ce soir la lune le câline.

Mes yeux blessés de voir la vie,
Je les ai blottis sous tes mains,
Derrière qui j'attends demain,
Séparé deux fois de la vie.

Chante, chante, mon âme folle,
Si tu le peux, cet imprévu,
Mais sans rechercher de paroles :
Tais-toi, mon âme, il n'en est plus.

XIV

La lumière de tes yeux gris
Exaspère mes sens aigris,
Mais tes mains ont, sur moi posées,
Des bienfaisances de rosées.

Leurs gestes calmes et bénins
M'induisent aux pensers humains;
Maternelles et hiératiques,
Tes mains ont des pâleurs mystiques.

Tu parles et ta voix si frêle,
Avec son puéril attrait,
A mon cœur semble d'un portrait
L'émanation surnaturelle.

O ta voix, tes yeux, tes mains !
La contingence des demains,
Des demains gros de trahisons
Implacables et sans raison;

Des trahisons que tu médites
Pour le jour clair où tu auras
Le dégout des mornes redites
Et de mes anxieux hosannahs !

DÉSESPOIR

Désespoir

XV

Ciel gris, ciel gris, tu me fais mal ;
Pluie qui tombe, tu me lancines ;
Oh ! oui, mes chagrins me lancinent
D'un mal tout à fait anormal.
Léon VANNOZ.

Sous le ciel si gris,
Mon cœur est blanchi
    De givre ;
Sous le ciel si bas,
Les arbres sont las
    De vivre,

Le soir est de cuivre,
Mon cœur voudrait vivre
    Là-bas ;
Attrait d'un beau livre,
Lèvre qui se livre
    Tout bas.

Pourquoi être allé
Et puis t'affaler
    Sans force,
Et pourquoi râler
D'ouïr révéler
    L'amorce ?

Douleurs, hontes bues,
Paupières battues,
    Cœur mort,
Bises éperdues
Sous le gris des nues :
    Ciel mort !

XVI

Le soir où tu me fus lointaine,
Je le passai je ne sais où ;
Il m'en souvient : j'étais jaloux
Et comme enchanté de ma peine.

Le soir ? il était calme et doux.
La Vie ? on l'entendait à peine ;
Ma foi, tu m'étais si lointaine
Qu'il me souvient que j'étais fou.

Mon orgueil pleura tout de même,
Et je doutai de toi... surtout ;
Je m'en voulus de ce blasphème.

Mais après trois jours, repenti
De ce qui me parut menti,
Je Le trouvais à tes genoux.

XVII

Tous ces mots divins et maudits,
Tu me les avais pourtant dits.

Mots de silence et de mystère
Et qui voulaient être sincères.

Vois dans mon cœur leur triste effet,
Tous ces mots, dis-moi, qu'ont-ils fait ?

En lui comme dans un manoir,
Ils sont venus chanteurs d'espoir,

Et leur chanson étonne encor
Les solitudes de sa mort.

Comment croire qu'ils ont menti,
Puisque tu me les avais dits ;

Puisqu'ils venaient de toi, de toi,
Pour l'enthousiasme de ma foi.

Comment croire qu'ils sont partis,
Tous ces mots divins et maudits,

Hors de ma nuit, dès lors plus brune
D'avoir connu leur clair de lune.

XVIII

> Ses yeux, qui ont l'étrange attirance des tombes...
> Louis CHICON.

Gaspard chante :

  Les yeux mi-fermés
  Sur leur profondeur
  Ont atteint mon cœur,
  Les yeux m'ont charmé.

  Les yeux ont souri
  Pour me cajoler ;
  Les yeux ont parlé
  Et ils m'ont menti.

  Les yeux ont pleuré
  Pour m'apitoyer
  A leur plaidoyer :
  Les yeux m'ont leurré.

Puis les yeux ont ri
A l'aveu suprême,
Et sur ce blasphème
Les yeux m'ont aigri.

Et lorsqu'abattu,
J'ai cru qu'ils allaient
Livrer leur secret,
Les yeux se sont tus.

Les yeux m'ont cherché
Quand je suis parti,
Puis sur un ami
Ils se sont penchés.

Les yeux ont souri
Pour le cajoler ;
Les yeux ont parlé
Et lui ont menti.

XIX

Toute beauté sur terre est le souffle d'un mort.
Anjel IRCAN.

Le soir est beau comme une femme
Qui aurait mis tous ses parfums,
Le vent pleure comme quelqu'un ;
Je voudrais assouvir mon âme !

O Mort ! paisible et souveraine,
Délivre-moi d'un corps obscène.

J'entends pleurer en moi les peines
De ma pauvre enfance claustrée,
Dont j'ai passé les heures vaines
En une attitude prostrée.

O Mort ! paisible et souveraine,
Délivre-moi d'un corps obscène,

Du fond de mes années moroses,
Je te revois à mes côtés
Epris de toi parmi les choses
Dont tu ternissais la beauté.

O Mort ! paisible et souveraine,
Délivre-moi d'un corps obscène.

Entends le siècle par ma voix
S'éperdre vers ta nuit suprême,
Mon corps est lourd comme un blasphème
Qu'il me faut traîner jusqu'à toi.

O Mort ! paisible et souveraine,
Délivre-moi d'un corps obscène.

Depuis trop longtemps on me leurre
D'espoirs lointains en l'Harmonie,
Je ne pense, l'âme ravie,
Qu'à la majesté de ton heure.

O Mort ! paisible et souveraine,
Délivre-moi d'un corps obscène.

Le soir est beau comme une femme
Qui aurait mis tous ses parfums,
Le vent pleure comme quelqu'un ;
Je voudrais assouvir mon âme,

XX

> La mort, là-bas te dresse un lit de joie.
> Paul VERLAINE *(Sagesse)*.

Le soir est clos comme une tombe.
Tu m'émeus d'une étrange peine,
Pesante et pourtant incertaine ;
Tristesse de ce soir qui tombe !

Le soir est clos ; mon âme vide
Bat des ailes vers une Foi,
Mais son envol heurte, pavide,
L'opacité d'une paroi.

Ces murs d'ombre m'ont fait connaître
Qu'il en est fait de moi, de moi ;
Oui, mais, Seigneur, comme est étroit
Ce soir où disperser mon être !

Mourir! être celui qui tombe,
Las de toutes les lassitudes;
Mourir! mourir! sous l'attitude
De ce soir clos comme une tombe!

XXI

> Oh! ces vieux refrains revenus
> On ne sait pourquoi dans la vie.
> André LEBEY *(Chansons grises)*.

L'inflexion des vieux airs
Que modulait ta bouche
Ranime la farouche
Horreur de mon désert.

L'orgue de Barbarie
Pleure ineffablement
Un air qui ne varie
Sur un rythme lent, lent.

L'ariette farouche
Prend dans le soir désert
L'inflexion des vieux airs
Que modulait ta bouche.

Mes pleurs tombent lents, lents,
D'un cœur qui ne varie ;
L'orgue de Barbarie
Pleure ineffablement.

XXII

> Dans le bassin qu'elle verdit,
> L'eau pleure inconsolablement,
> Et mélancolique redit
> Les mots trompeurs de ton serment.
> Laurent TAILHADE.

Il est ce soir, mon cœur, un jet d'eau svelte en palme,
Qui éplore la nuit d'un effort toujours vain,
Va vers cet anonyme et sanglotant dessein,
Peut-être sa chanson t'apaisera d'un charme.

Il n'en est rien, puisque me voici tout en larmes
Dans le lit où somnole un poussiéreux chemin ;
Il est resté muet au geste de mes mains
Dans le tragique et clos secret de ses alarmes.

L'eau chantante s'élève et choit, inassouvie,
Dans un bassin où la lune semble alourdie
De tout le poids des eaux tombant en linges flasques.

Ah ! resurgir vers toi d'un effort éperdu
Jusqu'à l'Inaccessible que j'avais élu,
Et puis me résorber aussi dans une vasque !

XXIII

Ils sont vacants de tes paroles,
Tous les soirs bleus aux lunes molles.

Ta voix ! Ta voix ! quel autrefois !

Ces soirs me hantent de silence,
D'âpre silence sans ta voix.

Je l'ai cherchée au fond de moi,
Sous les contours des voix d'enfance.

Ta voix ! Ta voix ! quel autrefois !

Je l'ai cherchée au sein de celles
Qui mirent en moi des frissons,

Dans le rire des pipeaux longs,
Les sanglots des violoncelles.

Ta voix ! Ta voix ! quel autrefois !

Et las, hélas ! d'efforts trop vains,
Je suis assis sur le chemin,

Dans les soirs bleus aux lunes molles,
Les soirs vacants de tes paroles.

XXIV

L'heure est quelconque ;
Une cloison
De brume tronque
Mon horizon.

. . . .

Et la nuit poisse
Le firmament,
Lugubre angoisse
D'étouffement.

Théodore VARLET.

Les squelettes des arbres mornes
S'érigent au sein de la Brume,
Sororale, endormeuse et morne,
Ainsi qu'un palliatif anthume.
Les squelettes des arbres mornes
S'érigent au sein de la Brume.

Voici venir lente la Mort ;
Dans cette approche où je m'enlise,
Où les choses se pastellisent

Dans un crépuscule de mort...
Voici venir lente la Mort.

Voici que je me sens couché
Au linceul froid de son étreinte
Qui se souille au mur entaché;
Voici que je me sens couché
Au linceul froid de son étreinte.

RÉSIGNATION

Résignation

XXV

J'avais conçu le rêve hautain
D'égayer mon cœur à la flamme
De l'amour d'une chaste femme :
Je n'ai connu que des catins.

Cependant un amour me vint
Pour une femme ardente et belle :
« Oui, je vous aime ! » me dit-elle ;
Elle aimait même mon voisin.

Et triste dans mon cœur morose,
Si solitaire et dédaigné,
J'ai pensé presque résigné :
« J'avais pourtant là quelque chose ! »

XXVI

> Ah! les Voix! Mourez donc, mourantes que vous êtes!
> Paul VERLAINE.

Ces voix hallucinantes dans le soir, ces voix,
Fais le suprême effort de ne pas les entendre,
Ce sont des pâles sœurs qui parlent d'autrefois,
Et leurs gestes sont blancs et leurs inflexions tendres.

Endormeuses du Doute, elles vont te reprendre,
Ces voix hallucinantes dans le soir, ces voix,
Fais le suprême effort de ne pas les comprendre,
Ce sont des pâles sœurs qui parlent d'autrefois.

Et la joie et la peur t'émeuvent à la fois,
Et leurs gestes sont blancs et leurs inflexions tendres,
Ces voix hallucinantes dans le soir, ces voix
Endormeuses du Doute, elles vont te reprendre,

XXVII

Pourtant je sens en moi se fermer des paupières.
H. Bataille (*La Chambre blanche*).

De vieux souvenirs,
— Etoffes sans teintes
Cloches presque éteintes, —
De vieux souvenirs

Semblés revenus,
— Troupeaux sans bergers,
Lis comme émergés, —
Semblés revenus

Du tréfonds de moi,
— Réceptacle ombré
De trésors sombrés, —
Du tréfonds de moi

Apportent la peur,
— Trahison notoire
Où l'on ne veut croire, —
Apportent la peur

De trop d'inconnu,
— Douleurs en amas
Anonyme, hélas! —
De trop d'inconnu,

Car je ne sais plus!

XXVIII

> Adieu, petite amante frêle, ô ma jeunesse !
> Maurice MAGRE (*Chanson des Hommes*).

La surannée et grise chambre de l'enfance,
Avec les ors éteints de ses cadres souillés,
Et l'ironie intime des barreaux rouillés
M'apparaît dans son soir pénétrant d'indigence.

Du vieux tableau criard et biblique à outrance,
Il fut un geste que j'aimai de Jésus calme,
Si modeste parmi la gloire haussée des palmes
Et l'accueil éperdu des hosannahs immenses.

Sous le toit déclive et proche rongé de mousse,
Chose usée dans le cadre de la fenêtre douce,
La vieille aux tons d'ivoire et qui dit des *ave*.

Ah ! l'amère douceur et l'intime frisson,
A revivre ces choses du Passé, qui sont
Le buis pascal, ô Souvenir, de tes allées.

XXIX

> O Nuit! tu es pour moi le signal d'une fête intérieure!
>
> BAUDELAIRE (*Poèmes en prose*).

Le silence orgueilleux jouit de son ampleur
Et s'écoute songer, posé sur la nuit noire
Comme un aigle farouche, anxieux de la gloire
De son néant d'appels et sa beauté d'horreur.

C'est le moment d'effroi où des fleurs vont mourir
Sous les gestes en or des étoiles hautaines,
Et où le désespoir infini des fontaines,
Extasié de lune, omet de s'assouvir.

C'est l'heure où le furtif pas des feuilles tombantes,
Comme celui d'un anonyme ami qui est
Soucieux de solitudes, rôde, inquiet,
Jusqu'au congé brutal de la porte battante.

C'est l'heure où l'on bénit la lampe qui vainc l'ombre,
Où l'on s'étonne encor d'être encore étonné
Comme un enfant devant la vie, aïeule sombre,
Qui nous redit toujours son conte suranné :

L'invariable celui des douleurs et des peines,
Que d'autres ont subi, les yeux hagards et fous,
Et que nous écoutons avec l'attente blême
Qu'il se fera plus bleu parce qu'il est pour nous.

C'est l'heure où le remords qu'affole le silence
De la tombe hâtive où l'enfouit l'orgueil,
Dans la paix monotone et morne apporte au seuil
De soi la volupté longue des lancinances.

Et l'Espoir, comme un chaume brillant dans le soir,
Grise d'avenir net l'âme étrange et profonde
Qui oublie parmi son moelleux nonchaloir
La vieille horloge à poids balbutiant des secondes.

XXX

> J'ai cru haïr pour tous les chagrins qu'on m'a faits,
> Voici : je ne suis plus qu'indulgence et qu'amour.
>
> Fernand G<small>REGH</small>.

Les Chanaans si bleus où j'ai pensé mourir,
Tant ils m'ont ébloui de lumières heureuses,
Il me faut les laisser enfin s'indéfinir
Sous les rameaux touffus des impressions menteuses.

Et je me garderai parfois de recourir
Au prétexte pieux de mon rêve ingénu,
Qui les poursuit dans les retraits du souvenir,
Jusqu'aux fraîcheurs de ses ombrages survenus.

Or, me voici plus pur d'avoir parfois pleuré,
Et me voici plus vaste et comme plus sonore
D'avoir adjoint mon âme à Celle dont j'adore
La main si chère à ceux même qu'elle a leurrés,

Impérieusement, dans ma simplicité,
Je resterai sans haine au mur où je m'accule,
Epris du Beau, du Bien, du Rêve et des clartés
Où je vais, profilant mon ombre ridicule.

FINALE

Douceur d'être poète et de pleurer parfois
Quand d'autres sont repus d'un « moi » béatifique.
Douceur d'être poète et de pleurer parfois.

Orgueil ! le livre est clos et le rêve est fixé
Comme un papillon rare et palpitant aux pages ;
Orgueil ! le livre est clos et le rêve est fixé.

Tristesse ! il est parti et des doigts l'ont frôlé,
Auxquels il est resté la poussière des ailes.
Tristesse ! il est parti et des doigts l'ont frôlé.

J'ai voulu le brandir pour éblouir des yeux,
Comme le voilà terne et ton orgueil puni !
J'ai voulu le brandir pour éblouir des yeux.

Ah ! désormais, fais-lui la sépulture digne,
Et ne l'exprime pas hors des toutes clartés ;
Ah ! désormais, fais-lui la sépulture digne.

Douceur d'être poète et de ne point chanter...

Léon DEUBEL.

Saint-Pol, Avril-Août 1899.

TABLE DES MATIÈRES

Préface 9
Candeur 13

    Eveils 17
Ballade de la Roulotte. 19
Le Ru 21
Projets 22
L'Eau stagnante. 24
Le Soir au seuil 26
Les Reflets 27
L'Effroi 29
Allégresse 31

    Sollicitudes 33
La Chanson des choses. 37
Les yeux morts 39
Ame de vieille dévote 41
Les Offusqués 43

Les Varlets	45
Les Chats sous la lune	46
Minet	48
Soir sur la lande	49
Le Chemin creux	50
Parc mort	52
Les Bébés	53
Le Petit Vieux	54
Le Sommet	55
LA CHANSON DU PAUVRE GASPARD	57
Acte d'Amour	63
Offrande	65
I. Voici ma vie, humble et plaintive	67
II. Elle n'est digne, en vérité	69
III. La croix que je m'en vais traînant	71
IV. Entends qui pleure	73
V. La lumière rose se navre	74
Bonheur	75
VI. Tes tristes combats, mon cœur	77
VII. Bonheur! négation d'autrefois	79
VIII. En un missel d'ivoire et d'or	81
IX. Ecoute la chanson du soir	82
X. Ses mains sont des bibelots rares	84
XI. Dans son minois qu'aube une flamme	86

TABLE DES MATIÈRES

xii. Sois la troublante.	87
xiii. La clarté tue, yeux clos, repose.	89
xiv. La lumière de tes yeux gris	90
Désespoir	93
xv. Sous le ciel si gris	95
xvi. Le soir où tu me fus lointaine	97
xvii. Tous ces mots divins et maudits	98
xviii. Les yeux mi-fermés.	100
xix. Le soir est beau comme une femme	102
xx. Le soir est clos comme une tombe.	104
xxi. L'inflexion des vieux airs	106
xxii. Il est ce soir, mon cœur.	108
xxiii. Ils sont vacants de tes paroles	109
xxiv. Les squelettes des arbres mornes.	111
Résignation.	113
xxv. J'avais conçu le rêve hautain	115
xxvi. Ces voix hallucinantes dans le soir.	116
xxvii. De vieux souvenirs	117
xxviii. La surannée et grise chambre	119
xxix. Le silence orgueilleux jouit de son ampleur.	120
xxx. Les Chanaans si bleus.	122
Finale.	125

Poligny, imp. Alfred Jacquin